ALA DELTA

EDELVIVES

El niño gol

Ramón García Domínguez

Ilustraciones
Emilio Urberuaga

Para Óscar, recién llegado.
Y para Nuchi, Mike y Gloria, a su alrededor.

El papá de Quique es muy cariñoso.
No os podéis imaginar
cuánto quiere a su hijo.
Lo quiere más que a nada
en el mundo.

¡Lo quiere a todo querer!
Lo quiere con un cariño...
¡de Campeonato Mundial!
¡Eso!

Pero el papá de Quique
es también muy exigente.
Quiere que Quique haga

todas las cosas súper bien
y que sea el primero de la clase.
Que sea un campeón.

Quique lo intenta,
pero no siempre lo consigue.
Unas veces saca buenas notas
y otras solo regulares.

Su papá menea entonces la cabeza
y le dice cariñosamente:
—Vamos, Quique, tienes
que esforzarte un poco más.
¡Tú puedes! ¡Tienes que meter gol!

Eso le dice. Porque el papá
de Quique es locutor deportivo
y narra por la radio los partidos
de fútbol.

Y para él, meter un gol
es lo más de lo más
que puede hacer un futbolista.

Meter un gol en fútbol
es igual que sacar sobresaliente.
Y sacar sobresaliente en clase
es igual que meter un gol.
Por eso se lo dice a Quique.
Y Quique sigue buscando ese gol.

Lo intenta con toda su alma,
pero siempre le falta un poquitín.
Cuando su papá ve las notas
del cole, menea la cabeza
y, sin dejar de sonreír, le dice:

—Está bien, Quique, no digo que no,
pero hay que apuntar mejor a puerta.
Te ha faltado un pelín para meter gol.
¡Tu balón ha dado
en el larguero de la portería!

Quique sigue y sigue esforzándose,
y un día... ¡consigue al fin
meter el gol que quiere su papá!
La maestra le ha puesto sobresaliente
y Quique corre a casa loco de contento.

¡Cómo le brillan los ojos,
cómo le brinca el corazón
dentro del pecho!

—¡Mira mis notas, papá!
—dice Quique, mostrándole,
orgulloso, el boletín.

El papá de Quique se pone las gafas,
examina atentamente el papel,
abre una sonrisa más grande que nunca,
abraza a su hijo y le dice:
—¡Gol, esto sí que es un gol!

Pero Quique se queda de piedra.
Completamente decepcionado.
No se lo puede ni creer.
Toda la alegría
se le ha apagado de repente.

Cuando un futbolista
mete gol, su papá grita
por el micrófono de la radio
«¡GOOOOOOOOOOOOOOL!»
durante medio minuto,
y ahora solo ha dicho «¡Gol!»
a secas. No puede ser.

¿Es que el gol de Quique
vale menos que un gol de Messi,
de Villa o de cualquier otro
futbolista famoso?

No puede ser.

«El fútbol es injusto», piensa Quique.

Sí, claro, «unas veces se gana
y otras se pierde...».

Pero es injusto.

Lo que no sabe Quique
es la sorpresa que le espera.
   Esa misma tarde, su papá lo llama
al despacho, como hace siempre,
para el ensayo de voz.

¿Y qué es el ensayo de voz?
Todos los viernes
prepara la retransmisión
de los partidos del fin de semana.

Durante un rato,
recita de corrido y en voz alta
las alineaciones de los dos equipos.
    Incluso imagina alguna
posible jugada, que también narra
con entusiasmo, como si ya estuviera
en la radio.

Quique acude al despacho
de su papá un poco cabizbajo.
Sin ánimo.

Casi convencido
de que no podrá
remontar el partido.

Y su papá comienza a narrar:

—Se hace Xavi con el balón,
lo juega con Messi...

»Messi avanza como un cohete...
pero ha cortado Raúl...

¡No, no, no es Raúl!

¡Es Quique,
el pequeño delantero,
la nueva sensación
del equipo local!

Quique avanza, sortea a uno,
a dos, a tres contrarios...
Lleva el sobresaliente
entre las botas, chuta y...
¡Gol, gol, gol, gol, gol!

¡Gooooool!
¡Gooooooooool de Quiqueeeeeeee!

TÍTULOS PUBLICADOS

33. *¿De dónde sale esta niña?* Thierry Lenain

34. *Sólo a mí me pasa.* Gabriela Keselman

35. *La patulea de la reina.* Agnès Bertron

36. *Sola y Sincola.* Patxi Zubizarreta

37. *Amanda Chocolate.* Bernard Friot

38. *Luna quiere un bebé.* Thierry Lenain

39. *¿Quién es Nuria?* Florence Cadier

40. *Gabriel y la isa azul.* Amélie Cantin

41. *Tomás y las tijeras mágicas.* Ricardo Alcántara

42. *Un móvil en el Polo Norte.* Carl Norac

43. *Cariñoso bicho malo.* Dirk Nielandt

44. *¿Quién soy yo?* Gianni Rodari

45. *El maravilloso puente de mi hermano.* Ana María Machado

46. *Nel pinta lo que quiere.* Ben Kuipers

47. *¡Vamos, cuentos, a Belén!* Ana Mª Romero Yebra

48. *Constantino hace llover.* Ana María Machado

49. *Las pataletas de Paula.* Anne-Marie Chapouton

50. *Usoa, llegaste por el aire.* Patxi Zubizarreta

51. *El pintor.* Gianni Rodari

52. *Otilia imagina.* Antonio Vicente

53. *¡Ya soy mayor, mamá!* Thierry Lenain

54. *Un par de alas.* Ana Tortosa

55. *Amigo Mundo.* Bruno Tognolini

56. *El cazador de incendios.* Iris Rivera

57. *Para hacer un pastel de manzana.* Pablo Albo

58. *Como antes.* Ana Tortosa